I0115317

BULLETIN OFFICIEL
DU MINISTÈRE DE LA GUERRE.

ÉDITION MÉTHODIQUE.

RECRUTEMENT DE L'ARMÉE

APTITUDE PHYSIQUE

AU

SERVICE MILITAIRE

Supplément arrêté à la date du 31 décembre 1912.

PARIS
HENRI CHARLES-LAVAUZELLE
Éditeur militaire
10, Rue Danton, Boulevard Saint-Germain, 118

(MÊME MAISON A LIMOGES)

N° 68² (Supplément).

BULLETIN OFFICIEL

DU MINISTÈRE DE LA GUERRE.

ÉDITION MÉTHODIQUE.

RECRUTEMENT DE L'ARMÉE

APTITUDE PHYSIQUE

AU

SERVICE MILITAIRE

Supplément arrêté à la date du 31 décembre 1912.

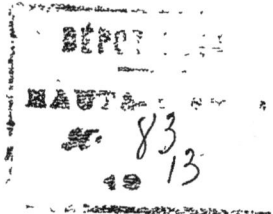

PARIS

Henri CHARLES-LAVAUZELLE

Éditeur militaire

10, Rue Danton, Boulevard Saint-Germain, 118

(MÊME MAISON A LIMOGES)

1913

BULLETIN OFFICIEL
DU MINISTÈRE DE LA GUERRE.
ÉDITION MÉTHODIQUE.

RECRUTEMENT DE L'ARMÉE

APTITUDE PHYSIQUE

AU

SERVICE MILITAIRE

Circulaire relative à l'élimination des hommes physiquement impropres au service militaire (1).

(Direction du Service de Santé; Bureau du Matériel
et de la Comptabilité.)

Paris, le 13 janvier 1908.

Le Ministre de la guerre à MM. les Généraux commandant les corps d'armée.

Au cours de la discussion du budget de 1908, il a été signalé que des jeunes soldats, récemment incorporés, étaient maintenus sous les drapeaux bien que leur constitution générale ne répondît pas aux conditions d'aptitude physique requises par l'instruction en vigueur du 22 octobre 1905.

Cependant mes prédécesseurs avaient, à diverses reprises (circulaires du 20 novembre 1902, 2 mars 1903, 28 novembre

---

(1) Mise à jour par l'incorporation dans le texte des modifications qui y ont été apportées par la circulaire du 2 octobre 1909.

1904), prescrit d'écarter des rangs de l'armée, par la réforme temporaire ou définitive, les hommes reconnus physiquement incapables de supporter les fatigues inhérentes à l'état militaire.

Malgré ces prescriptions, il semble que certains médecins militaires, dans l'appréciation générale de la valeur physique des jeunes gens qu'ils examinent, se contentent parfois d'un minimum d'aptitude trop réduit, et proposent pour le service, en particulier pour le service auxiliaire, des hommes en réalité inaptes.

De semblables errements se trouvent en désaccord avec les dispositions prévues par la loi du 21 mars 1905 sur le recrutement de l'armée et n'offrent que des inconvénients. En effet, l'appel sous les drapeaux d'un certain nombre de jeunes recrues que leur mauvaise constitution générale oblige à éliminer dans un délai plus ou moins rapproché, impose au Trésor des dépenses superflues, crée des embarras au commandement et fait supporter aux intéressés des déplacements et des pertes de temps inutiles.

En outre, cette situation est susceptible de développer chez ces appelés certaines maladies latentes, notamment la tuberculose, et de compromettre souvent l'état sanitaire des corps et des garnisons. La présence de ces soldats en surnombre entraîne, dans les conditions actuelles, le resserrement du casernement avec toutes ses fâcheuses conséquences ; elle favorise l'importation des maladies contagieuses, facilite l'apparition ainsi que la propagation des épidémies, encombre les infirmeries et les hôpitaux et accroît les taux de morbidité et de mortalité de l'armée.

En raison de ces considérations, il est de toute nécessité que les conseils de revision n'acceptent pas de non-valeurs pour le service militaire.

La première condition à remplir au point de vue de l'aptitude physique, aussi bien pour le service auxiliaire que pour le service armé, est de posséder une vigueur corporelle suffisante pour pouvoir résister aux fatigues inhérentes à la vie militaire. Le classement dans le service auxiliaire ne doit donc être motivé que par l'existence d'une infirmité relative ou d'une tare organique légère, suffisante toutefois pour être incompatible avec le service armé, mais « sans que la constitution générale de l'individu soit douteuse ». Il importe d'éviter avec le plus grand soin de prendre des malingres, des débiles, des sujets chétifs dont l'état général laisse à désirer et peut faire craindre une manifestation tuberculeuse dans un délai plus ou moins rapproché.

Aux termes mêmes de l'article 18 de la loi du 21 mars 1905, « tous ceux dont la constitution physique est trop faible, doivent être ajournés à un nouvel examen ».

En conséquence, la visite médicale des jeunes gens qui se présentent devant le conseil de revision doit être aussi détaillée, aussi complète et aussi minutieuse que possible. A cet effet, les médecins experts ont le devoir de se conformer scrupuleusement aux indications contenues dans l'instruction du 22 octobre 1905. Pour apprécier la robustesse, ils (les médecins experts) tiendront compte des rapports existant entre la taille, le périmètre thoracique et le poids des sujets; ils appelleront, d'une façon toute particulière, l'attention du conseil sur les hommes dont le poids est inférieur à 50 kilogrammes.

Il est rappelé, d'ailleurs, aux médecins militaires qu'ils n'assistent le conseil qu'à titre d'experts, et que, pour faire connaître leur opinion sur la valeur physique des hommes visités, ils ne doivent employer aucune expression pouvant présenter un caractère impératif et laisser supposer qu'ils émettent une décision qui, aux termes de la loi, ne peut être prononcée que par le président du conseil de revision lui-même.

Notification de modifications à l'instruction du 22 octobre 1905 sur l'aptitude physique au service militaire.

(Direction de l'Infanterie; Bureau du Recrutement.)

Paris, le 22 mars 1909.

Le premier alinéa du chapitre V de l'instruction du 22 octobre 1905 sur l'aptitude physique au service militaire commençant ainsi : « 1° Les ajournés pour constitution physique trop faible... »

Est remplacé par le suivant :

« 1° Les ajournés qui, lors du deuxième examen, ne sont pas reconnus bons pour le service armé, en raison d'un développement musculaire insuffisant, sans que leur constitution générale soit douteuse.... »

*Notification de modifications à l'instruction du 22 octobre 1905
sur l'aptitude physique au service militaire.*

(Direction de l'Infanterie; Bureau du Recrutement.)

Paris, le 19 janvier 1910.

L'instruction du 22 octobre 1905 sur l'aptitude physique au service militaire est modifiée comme il suit :

Pages 22 et 23.

Art. 77. Diminution de l'acuité visuelle.

Le texte de l'article 77 est remplacé par le suivant :

« 1° L'aptitude au service armé exige une acuité visuelle supérieure ou tout au moins égale à un demi pour un œil et à un vingtième pour l'autre œil, après correction, s'il y a lieu, par les verres sphériques;

« 2° Seront versés dans le service auxiliaire les jeunes gens qui ont, après correction, s'il y a lieu, par les verres sphériques, une acuité visuelle supérieure ou tout au moins égale à un quart pour un œil, celle de l'autre œil étant inférieure à un vingtième ou même complètement abolie, sous la réserve, toutefois, des causes d'exemption et de réforme spécifiées aux articles numérotés de 78 à 93 inclusivement *et de l'élimination absolue de l'armée de tous les borgnes présentant une difformité apparente.*

« L'exemption et la réforme ne sont prononcées que si l'acuité visuelle de l'œil le meilleur est inférieure à un quart après correction, s'il y a lieu, par les verres sphériques.

« 3° L'acuité se mesure au moyen de l'échelle typographique réglementaire placée à cinq mètres en avant de l'examiné et à sa hauteur. »

Page 25.

Art. 85. Affections de la cornée.

Les 3° et 4° alinéas de l'article 85 sont modifiés comme il suit :

3° alinéa. Au lieu de : « les ulcérations profondes de la cornée », lire : « les ulcérations profondes de la cornée, les staphylones ».

4° alinéa. Au lieu de : « les staphylones, les taies ou opacités de la cornée », lire : « les taies ou opacités de la cornée... »; le reste sans changement.

Pages 52, 53 et 54.

V. — APTITUDE AU SERVICE MILITAIRE.

Liste récapitulative des infirmités ou défauts de conformation compatibles avec le service auxiliaire.

Paragraphes 1 à 22 sans changements.

Remplacer la rédaction actuelle des paragraphes 23, 29, 30, 31 et 32 par la suivante :

« 23. L'acuité visuelle supérieure ou tout au moins égale à un quart pour un œil, celle de l'autre étant inférieure à un vingtième, ou même complètement abolie, sous la réserve toutefois des causes d'exemption et de réforme spécifiées aux articles numérotés de 78 à 93 inclusivement et à condition qu'il n'y ait pas de difformité apparente.

« 29. Les taies ou opacités de la cornée, lorsque l'acuité visuelle est comprise entre les limites spécifiées au 2e paragraphe de l'article 77 (art. 85).

« 30. Les vices de conformation de l'iris et les synéchies antérieures ou postérieures, lorsque l'acuité visuelle est comprise dans les limites spécifiées au 2e paragraphe de l'article 77 (art. 86).

« 31. Les déplacements, l'opacité du cristallin et de sa capsule, l'absence du cristallin, lorsque l'acuité visuelle est comprise dans les limites spécifiées au 2e paragraphe de l'article 77 (art. 87).

« 32. Les nystagmus et le strabisme fonctionnel, lorsque l'acuité visuelle est comprise dans les limites spécifiées au 2e paragraphe de l'article 77 (art. 92).

Circulaire portant modifications à l'instruction du 22 octobre 1905 sur l'aptitude physique au service militaire.

(Direction de l'Infanterie; Bureau du Recrutement.)

Paris, le 27 avril 1911.

L'instruction du 22 octobre 1905 sur l'aptitude physique au service militaire, modifiée le 19 janvier 1910, est modifiée comme il suit :

Après les mots : « par les verres sphériques » du deuxième alinéa du paragraphe numéroté 2º de l'article 77, ajouter l'alinéa suivant :

« La perte de la vision d'un œil, l'acuité visuelle de l'autre œil égalant au moins un quart, entraîne le classement dans le service auxiliaire, toutes les fois que la cécité résulte de lésions éteintes depuis longtemps et non susceptibles de retours offensifs. Dans tous les autres cas, l'exemption ou la réforme doivent être prononcées. »

Circulaire modifiant l'instruction du 22 octobre 1905 sur l'aptitude physique au service militaire.

(Direction de l'Infanterie; Bureau du Recrutement.)

Paris, le 2 septembre 1912.

Intercaler entre le 30º et le 31º alinéas du paragraphe 4 de l'instruction du 22 octobre 1905, c'est-à-dire après les mots : « l'aptitude aux manœuvres de force » et avant le titre : « Sapeurs-pompiers », le texte ci-après :

AÉRONAUTIQUE.

L'aptitude au pilotage des appareil d'aviation comporte :

1º Une acuité visuelle normale pour les deux yeux et pour chaque œil (aucune correction par les verres n'étant admise);

2º Un champ binoculaire normal, l'aptitude à distinguer nettement le vert du rouge et à reconnaître les couleurs principales;

3° Une acuité auditive normale avec état d'intégrité de l'oreille moyenne et interne;

4° Un état d'intégrité absolue des organes de la respiration et de la circulation;

Ces conditions particulières sont indépendantes des conditions générales d'aptitude physique au service militaire.

Ces conditions d'aptitude physique sont requises avec moins de rigueur pour les candidats aux emplois de pilotes des *dirigeables* et pour les *aéronautes*.

TABLES

TABLE CHRONOLOGIQUE.

TABLE ALPHABÉTIQUE.

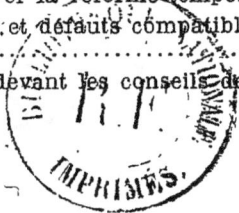

Paris et Limoges. — Imprimerie militaire Henri CHARLES-LAVAUZELLE.

Paris et Limoges. — Impr. milit. H. CHARLES-LAVAUZELLE.

www.ingramcontent.com/pod-product-compliance
Lightning Source LLC
Chambersburg PA
CBHW060714280326

41933CB00012B/2430